Hávamál

Dichos
Vikingos

H á v a m á l

Dichos
Vikingos

Traducido del original antiguo-nórdico por
Olav Melkild Bakke

GUDRUN

El traductor agradece a la Srta. Pilar Benítez su ayuda
con la traducción y la adaptación del texto al castellano.

Gudrun publishing
www.gudrunpublishing.com

Dichos Vikingos © Gudrun 2016
Traducción al castellano © Olav Melkild Bakke 1995

Prólogo © Matthías Viðar Sæmundsson 1992
Portada: Björn Jónasson y Helgi Hilmarsson
Títulos añadidos a las estrofas: Björn Jónasson
Diseño: Grafísk hönnun ehf.

ISBN 978-1-904945-37-6

Palatino 8-12p y Goudy 14p

Impreso en la India

Contenido

Introducción

Hávamál es el más famoso e, indudablemente, el más popular de los llamados Poemas de Edda. La parte de Hávamál presentada aquí es única entre los Poemas de Edda por su contenido. Éste no es heróico ni mitológico como es el caso de los otros textos, sino claramente didáctico.

Las Eddas tienen tanta importancia para la cultura nórdica como los Vedas para los hindúes y los poemas de Homero para los griegos. Tienen una gran variación y riqueza, y han sido una constante e inagotable fuente de inspiración y placer para todas las generaciones hasta la actualidad.

Los expertos discrepan sobre dónde y cuándo fue escrito Hávamál. Algunos opinan que fue redactado en Islandia, otros mantienen que se escribió en Noruega y hay quienes piensan que procede de las Islas Británicas. Aparte del lugar donde fue escrito, es de gran interés conocer el origen cultural y el modo de transmisión de su contenido. Podría tratarse de una colección de antiguas consignas o máximas inherentes al ambiente vikingo y que finalmente fue puesto por escrito en uno de estos países. O bien, podría ser una mezcla de proverbios latinos, o incluso árabes, adaptados a la métrica de las Eddas.

La cuestión de la edad de Hávamál está relacionada con los anteriores aspectos. Parece que hay un amplio consenso sobre la época de su creación, 700-900 d. de C., aunque fue puesto por escrito algo más tarde.

De todos modos, no cabe duda de que el espíritu de los poemas ha sido moldeado por las actitudes y la cultura de la era vikinga que tuvo su cumbre en el periodo comprendido entre 800-1000 d. de C..

El objetivo de publicar este texto es el de hacer Hávamál, y el pensamiento de los vikingos, accesible al público castellano-hablante. Para la traducción me he apoyado no sólo en el texto original del antiguo-nórdico, sino también en otras versiones, entre las que destacan las de Ivar Mortensson-Egnund (neo-noruego, 1928), Ludvig Holm-Olsen (noruego, 1975) y Björn Jónasson (inglés, 1992).

Para mejor comprensión, y al intentar reflejar fielmente el espíritu y las ideas de la versión original, ha sido oportuno transponer algunas metáforas que difícilmente se entienden fuera del entorno nórdico. Además, he procurado mantener la métrica original sin transgredir las ideas fundamentales. Para conseguir estos objetivos ha sido necesario, en cierta medida, alejarse de una traducción filológicamente más correcta, como es es caso de la realizada por Luis Lerarte (castellano, 1986).

Olav Melkild Bakke

Prólogo

Los vikingos y sus descendientes vivían en un mundo lejano del norte en el cual la religión cristiana tuvo grandes dificultades para ser difundida y plasmada en la vida cotidiana. Por ello la filosofía y la concepción de la vida pagana continuó en la mente del pueblo durante varios siglos después de que ésta fuera oficialmente substituida por el cristianismo. El pensamiento de los tiempos pasados fue transferido de una generación a otra de diferentes formas, una de ellas era la transmisión oral, a pesar de que se hicieron considerables esfuerzos para reprimirlo.

La sabiduría del norte, Hávamál, nos permite tener una idea del mundo pagano independientemente del tiempo y del lugar; con más de mil años de antigüedad, podría haber sido escrito ayer. Como la naturaleza humana apenas ha cambiado a lo largo de los siglos, parece que gran parte del contenido nunca dejará de ser actual. Lo básico de la vida sigue siendo lo mismo ahora que en la época en la que fue escrito Hávamál:

Un hombre que tiene fuego, que ve nacer el sol y que goza de buena salud e integridad personal, es más feliz que el que vive pendiente de acumular riquezas y lujo, y de aparentar más que los demás. Nada puede atentar contra la existencia del hombre, aunque la muerte es inevitable, su fama póstuma nunca muere.

Las creencias de la cultura pagana tenían una tenacidad que la dialéctica mediterránea sobre el bien y el mal, de éste mundo y del próximo, no pudo aplastar durante siglos, y quizas no fueron abatidas hasta bien entrado el siglo XVIII. Hasta entonces las tradiciones paganas convivían juntas, o bajo la superficie de la religión oficial siendo para ella una constante amenaza. Los hechiceros del siglo XVII solían invocar el poder divino de los dioses paganos - Odin, Tor y Frey - y el culto al fuego todavía persistía. A diferencia de lo que ocurrió en la mayoría de los países y regiones, en Islandia y Escandinavia la iglesia sólo pudo establecer la fe cristiana como fundamento social después de haber sido practicada durante varios siglos, e incluso entonces, continuaba siendo frágil.

La ética de Hávamál se fundamenta ante todo en la confianza del valor del individuo que, sin embargo, no se encuentra solo en el mundo, sino que está íntimamente ligado a la naturaleza y a la sociedad. De acuerdo con ésta filosofía, el ciclo de la vida es único e indivisible, todas las manifestaciones del mundo vivo formaban un conjunto global y armónico. La transgresión de la naturaleza ponía en peligro la existencia del hombre. Según la filosofía antiguo-nórdica, cada individuo era responsable de su propio destino, determinaba su fortuna o desgracia y establecía una vida digna a partir de sus propios recursos.

Tal vez nunca la concepción de la vida de los vikingos y su mensaje hayan tenido mayor relevancia que en los tiempos actuales, una época en la que se practica el desprecio y la falta de respeto en vez de la admiración por la humanidad y la naturaleza.

Matthías Vidar Sæmundsson
Profesor adjunto de Literatura Islandesa,
Universidad de Islandia.

Hávamál

Cuidado al entrar

¡Ojo! Cuando pases
por la ajena puerta,
mira a diestra,
mira a siniestra.
¿Quién sabe
cuántos enemigos
tienes en torno a la mesa?

Acogida

Regios anfitriones
recibid al recién llegado.
¿Dónde debéis acomodarle?
Molesto e incómodo
estará aquél
que dejéis desatendido.

Hospitalidad

Agradece el fuego
quien frío de rodillas
acoges en tu casa.
Paños y comida
pide el hombre
que recorre campos y cordilleras.

Cortesía

Agua y toalla
tendrá el huésped
cuando acude al convite.
Amigable acogida,
calma y atención
cuando él quiera hablar.

Mundología

Se necesita tiento
en tierras ajenas.
¡Qué cómoda es la vida en casa!
¡Qué hazmerreír
cuando un hombre ignorante
se sienta con señores sabios!

Modestia

El hombre sensato
no presume de sabio,
anda con tiento y con tacto.
Callado y cauto
acude a la aldea
evitando enredos.
No le falla
su aliado más fiel:
La cordura que le acompaña.

Atención

Con cuidado aguarda
quién acude a la asamblea,
contempla a todos y calla.
El oído fino,
con los ojos fijos,
así observa el hombre hábil.

Estima

Afortunado es aquél
que recibe apoyo,
elogio y estima.
La opinión callada
de los otros hombres
no suele ser grata.

Consejos ajenos

Afortunado es aquél
que vive alabado
con fe en su propia fuerza.
Pues, quién se guia
por consejos ajenos,
a menudo queda malparado.

Cordura

¡No hay mejor equipaje
para llevar puesto
que cordura y mente clara!
En tierras lejanas
es más útil que el oro;
saca el pobre de los apuros.

Serenidad

¡No hay mejor equipaje
para llevar puesto
que cordura y mente clara!
El peor lastre
que lleva el hombre
es exceso de bebida y embriaguez.

Cerveza

No es tan sana
como suelen decir
la cerveza para ciertas personas.
El que más bebe
menos razona,
y pierde su propio juicio.

Responsabilidad

El hijo del soberano
estará siempre sereno,
tranquilo y bravo en la batalla.
El hombre llano
ha de estar
alegre hasta el día que muera.

Autoengaño

El cretino cree
que si rehusa el combate
sigue siempre vivo.
Pero la senectud
no le tiene piedad
aunque logre salvarse de la lanza.

Malos modales

En el banquete el bobo
mira boquiabierto,
murmura y se embelesa.
Un trago del vaso,
y a la vez
muestra su endeble memez.

Experiencia

Sabio en verdad
es aquél viajero
que se mueve por el mundo.
Él puede intuir
el ánimo imperante,
por ser sensato y sesudo.

Buenos modales

Bebe lo justo
y pasa el jarro,
habla o calla cuando conviene.
No es fallo
ni falta de tacto
si te despides pronto para dormir.

Autodisciplina

El voraz que traga
y no tiene tope,
come hasta que cae enfermo.
Entre hombres cultos
en ridículo queda
por su insaciable estómago.

Moderación

Las vacas saben
cuando deben volver
y dejan el pasto pronto.
Pero el hombre necio
no para nunca,
come más de la cuenta.

Burla

El hombre mísero
y mal nacido
hace bromas y se burla de todo.
No observa
lo más obvio:
Sus propios defectos le delatan.

Preocupaciones

El necio se desvela
las noches enteras,
piensa y cavila sin pausa.
Cuando amanece
se encuentra cansado
con sus males sin solucionar.

Ingenuidad

Entre bromas y risas
se entrega el bobo
a cualquiera que encuentra.
No se da cuenta
que le quitan la piel
los que son más listos que él.

Desengaño

Entre bromas y risas
se entrega el bobo
a cualquiera que encuentra.
Pero bien pocos
están de su parte
cuando acude al pleno con pleitos.

Presunción

Hasta el más ignorante
parece omnisciente,
mientras se mueve en su mundillo.
Con hombres cultos
se queda corto
si le ponen a prueba.

Cuándo callar

El hombre débil
debe callar
en compañía de sus señores.
Nadie le nota
que no tiene nociones
mientras calla y está quieto.
El hombre delata
sus defectos
cuando habla más de la cuenta.

Rumores

Parece sabio
quién sabe preguntar
y a cambio cuenta lo suyo.
Pero lo dicho
dicho está,
los rumores viajan con el viento.

Hablar en exceso

Quién siempre habla
y no sabe callar,
dice muchas memeces.
La lengua ligera
trae líos,
a menudo menoscaba al hombre.

Trato de compañeros

Jamás te burles
del buen hombre
que acude a tu casa.
Pasa por sesudo
si no se le pregunta,
y queda al abrigo de los altercados.

Evitar conflictos

El hombre sensato
huirá de la sala
si un invitado insulta a otro.
Risa y sorna
suelen incordiar,
si hay hombres hostiles en la mesa.

Disputas

Muchos amigos
se retan mutuamente
cuando se encuentran en la mesa.
Pero la discordia
provoca rencor
si un invitado increpa a otro.

Cuándo comer

El hombre cuerdo
come pronto,
pero toma algo antes
                    de ir de tertulia.
Desentona el ávido
que distraído y distante,
no conversa en el convite.

Amistad

Cuesta visitar
al infiel amigo
aun cuando te pilla de camino.
Es ameno acudir
al buen amigo
aun cuando su casa está lejos.

Visita

¡No tardes en irte!
El hombre cauto
no se alarga en la misma mesa.
Hasta el leal amigo
resulta latoso
cuando se demora en casa ajena.

Casa propia

Aprecia tu casa
por pequeña que sea,
en ella eres amo y señor.
Con un techo pajizo
y dos cabras tuyas
pasas sin pedir limosna.

Independencia

Aprecia tu casa
por pequeña que sea,
en ella eres amo y señor.
Sufre el corazón
del mísero ser
que cada día come de caridad.

Precauciones

No dejes atrás
tus armas
cuando salgas de casa.
Nunca se sabe
si por esas sendas
lucharás con la lanza.

Generosidad mutua

No conocí a nadie
tan rico y noble
que rehusara recibir regalos,
ni tan generoso
con su género
que no quiera algo a cambio.

Finanzas

Debes gozar
de lo que ganes
mientras estés en este mundo.
Lo que dejes para el amigo
igual va al enemigo.
¡Quién sabe lo que puede pasar!

Amistad duradera

Los amigos intercambian
armas y vestiduras
en aras del afecto que les une.
Dando y recibiendo
se alarga su amistad,
siempre que la suerte les sonría.

Reciprocidad

Al amigo el hombre
honra con afecto,
responde a regalo con regalo.
A risa el hombre
responde con risa
y al truco con trampa.

Compañerismo

Al amigo el hombre
honra con afecto,
igual que al amigo del amigo.
Pero con los amigos
de sus enemigos
que nadie tenga trato.

Amistad íntima

Si logras encontrar
un leal amigo
y quieres que te sea útil:
Ábrele tu mente,
mándale obsequios
y viaja a menudo a verle.

Amigos falsos

Por contra si conoces
a un canalla vivo
y aún quieres que te sea útil:
Con mucha labia
le preparas el lío,
pagarás sus trucos con trampas.

Disimular

Además, sobre aquéllos
cabe añadir
si dudas de sus ideas:
Ríete con ellos,
habla en su lengua,
pero prepara la réplica apropiada.

Compañía grata

Allí en mis mocedades
erraba malogrado
solo sin senda por el mundo.
Un fiel amigo
me hizo feliz.
¡Al hombre el hombre conforta!

Carácter y felicidad

Los generosos y bravos
viven bien,
no se dan a las dudas.
El hombre memo
a todo teme,
hasta los obsequios
                    le hacen titubear.

Apariencias

En el prado coloqué
mi propia ropa
sobre sendos espantapájaros.
Parecían caballeros
con vestidos de corte.
¡El hombre desnudo
es un don nadie!

Soledad

Al pino seco
del solitario monte,
ni ramillas ni corteza le cubren.
Así es el hombre.
¡Sin amistades,
vale la pena su vida?

Amorío falso

Entre falsos amigos
el calor es fugaz,
el fuego dura sólo cinco días.
Llega el sexto
las llamas se apagan,
así toda estima se evapora.

Gratitud

Al hombre le sobran
los regalos soberbios,
con poco se gana agrado.
Con un pan compartido
y un jarro común
hice un íntimo amigo.

Mediocridad

Hay poca arena
en aguas pequeñas,
y poco juicio posee la gente.
Todos no tienen
el mismo talento,
los defectos son frecuentes.

Cordura mesurada

El hombre debe ser
medianamente sabio,
pero nunca pasarse de pensador.
Es más agradable
la vida de aquéllos
que son cultos y cuerdos.

Moderación y felicidad

El hombre debe ser
medianamente sabio,
pero nunca pasarse de pensador.
Está dolorido
el corazón del docto
si es demasiado sabio.

Conocer su destino

El hombre debe ser
medianamente sabio,
pero nunca pasarse de pensador.
Así ignora
la suerte que le aguarda,
y su vida sigue sosegada.

Timidez

De leño a leño
saltan las llamas
hasta que la hoguera arde.
Las ideas de un hombre
incitan a los otros,
pero los tímidos quedan torpes.

Madrugar

Conviene madrugar
al que quiere luchar
y tomar vidas y bienes ajenos.
El lobo acostado
no llena la boca,
tumbado nadie triunfa.

Agilidad

Levántese pronto
en plena temporada
quién ande escaso de ayuda.
Pierde mucho
el que no madruga,
el rápido es medio rico.

Previsión

Cada hombre
cuenta la leña
y la corteza que cubre su casa.
El cauto sabe
cuánto precisa
para tres meses y medio año.

Orgullo

Comido y con aplomo
acudirás al pleno
aun cuando vistas ropa vieja.
Que nadie sufra
por sus botas o calzón,
ni por su caballo.
¡Tanto da si no lo tienes bueno!

Desamparo

El águila espía
estira el pescuezo,
otea el horizonte del mar.
Asimismo hace
el hombre entre muchos
cuando pocos defienden su parte.

Comentar secretos

Alterna con todos
habla y pregunta
el que quiere pasar por culto.
Pero lo que sabe uno
que no lo sepan dos,
lo dicho a tres es de todos.

Uso del poder

El hombre sensato
siempre demuestra
su supremacía con mucha mesura.
Él se da cuenta
cuando da con valientes
que nadie sobresale siempre.

Puntualidad

En algún lugar
llegaba pronto
y con retraso a otros.
Si no queda cerveza
o si está por servir,
el huésped incómodo inquieta.

Huésped bien visto

De convidado estaría
en cualquier hogar
si pudiera pasar sin probar bocado,
o bien si a cambio
colgase dos jamones
por cada uno que haya comido.

Lo básico

Es sano el fuego
para todos los seres,
como los rayos del astro rey.
Dichoso aquél
que conserva su salud
y vive bien sin vicios.

Consuelo

Incluso sin salud
la vida sigue.
A algunos les hacen
                    felices los hijos,
a otros la familia,
la fama o la riqueza
o bien las buenas obras.

Mejor pobre que muerto

Vive con ilusión
mientras estés vivo,
el ágil siempre sale adelante.
Ví las llamas
de una casa de lujo,
pero en la puerta yacía un muerto.

Diversidad humana

El cojo cabalga,
el manco a pastor,
el sordo es bravo en batalla.
Quién es ciego
quemado no está,
sólo el muerto se malogra del todo.

Hijos

Bendito el retoño
aunque nazca tarde
de un padre mayor o ya muerto.
Sólo los vástagos
velan por su memoria
levantando lápidas
al lado del camino.

Dinero

Por poco que sepa
el hombre sabe
que el oro a muchos enloquece.
Si uno es próspero
y el otro pobre,
no le culpes de sus carencias.

Fama

Muere la fortuna
muere la familia,
uno mismo también muere.
Pero sé algo
que siempre quedará:
La buena fama del difunto.

Información sobre el título

El título original de esta colección de proverbios en verso es Hávamál que literalmente significa las Palabras del Altísimo. El que habla es Odín (o bien Hár), el máximo dios nórdico. Odín es el equivalente nórdico a Zeus de la mitología griega y al dios romano Júpiter.

En Hávamál, o las Palabras del Altísimo, el dios Odín aconseja a los mortales sobre cómo deben comportarse y actuar para vivir una vida próspera y digna.

Dichos Vikingos es una selección de los mejores elementos de esta tradición antiguo-nórdica. Entre todos los textos de la época, son los que mejor reflejan la ética de los vikingos. Nos muestran ejemplos de verdaderas perlas de sabiduría profunda, humor agudo y sentimientos nobles, todos ellos representativos del espíritu de los vikingos.

La métrica de Hávamál

Hávamál está escrito en la métrica denominada „ljódaháttur", palabra que literalmente significa métrica poética. Este término refleja que posee un cierto prestigio en comparación con otras métricas de la época.

Las estrofas de „ljódaháttur" típicamente contienen seis líneas o bien dos unidades de tres líneas cada una. Las dos primeras líneas de cada unidad están ligadas mediante aliteración, mientras que la última línea contiene otra aliteración aparte.

Por aliteración se entiende que una vocal o consonante de una sílaba tónica resuena mediante la repetición del mismo sonido. Una consonante alitera tan sólo consigo misma, mientras que en antiguo-nórdico todas las vocales producen aliteración por igual. La aliteración se produce cuando dos o más palabras empiezan con la misma consonante o bien con una vocal.

Un verso del texto original ilustra este tipo de aliteración:

(1)   <u>V</u>its er þörf,

(2)   þeim er <u>ví</u>ða ratar.

(3)   Dælt er <u>h</u>eima <u>h</u>vað.

(4) Að augabragði verður,

(5) sá er ekki kann

(6) og með snotrum situr.

Nótese que, en un caso típico, las primeras dos líneas de cada unidad (1 & 2 y 4 & 5, respectivamente) contienen dos, mientras que la última línea (3 y 6) puede tener entre dos y cuatro sílabas tónicas, aunque la aliteración se limita a un par de ellas.

La adaptación de „ljódaháttur" al castellano u otras lenguas románicas no es posible sin variar las normas. En antiguo-nórdico la acentuación recae casi siempre en la primera sílaba de la palabra, mientras que las lenguas procedentes del latín siguen otras reglas fonéticas muy distintas.

En esta traducción se ha intentado mantener una aliteración con la primera sílaba aunque ésta no siempre es tónica. Además, dentro de lo que permite el texto original, se han aprovechado otras resonancias entre las sílabas tónicas independientemente de su localización, sobre todo las que se producen por las raíces de las palabras compuestas.

Un ejemplo es la traducción de los versos citados arriba en la que se ha podido introducir una aliteración muy similar a la del original, utilizando palabras con el golpe de voz en la primera sílaba:

(1)   Se necesita tiento

(2)   en tierras ajenas.

(3)   ¡Qué cómoda es la vida en casa!

(4)   ¡Qué hazmerreír

(5)   cuando un hombre ignorante

(6)   se sienta con señores sabios!

Para mayor apreciación de la métrica de Hávamál se recomienda su lectura en voz alta. La melodía y el ritmo se produce no sólo por el eco de la aliteración, sino también por el contraste entre los sonidos aliterados y los no aliterados. El Profesor Charles W. Dunn de la Universidad de Harvard lo expresa de la siguiente forma: „El oído está constantemente captando similitudes y diferencias; y, dada la libertad en cuanto al número de sílabas, se puede variar el lugar de la acentuación de manera imprevisible. Es una verdadera música y uno puede adiestrar al oído a captar la melodía."